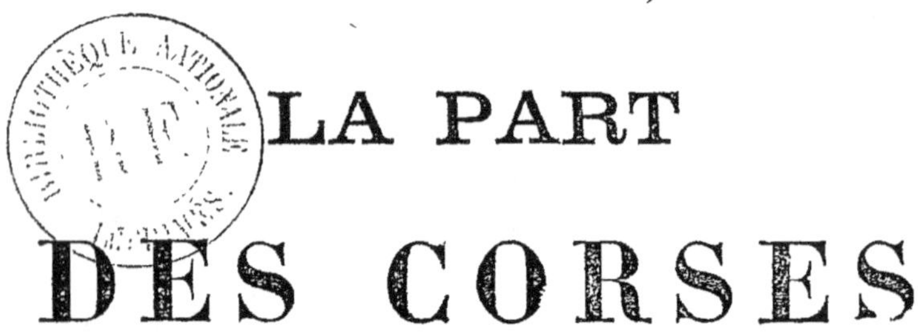

LA PART DES CORSES

DANS

LA DÉFENSE NATIONALE

(1870-1871)

PAR

NONCE ROCCA

MEMBRE DE PLUSIEURS SOCIÉTÉS SAVANTES FRANÇAISES ET ÉTRANGÈRES,
COMMANDEUR ET CHEVALIER DE DIVERS ORDRES.

PARIS

LIBRAIRIE DE F. SALMON.

12, rue Cujas.

—

1871.

Après la chute de l'Empire, avant, pendant et depuis le siége de Paris, les citoyens franç ais du département de la Corse ont été pris à partie dans certains journaux et certains clubs soi-disant patriotes et républicains.

L'expression des vœux iniques et anti-français de ces journaux et de ces clubs, après avoir trouvé des échos partout, a retenti plus d'une fois jusque dans l'Assemblée Nationale, qui n'en a fait que tardivement justice.

Devenus, à l'exclusion du reste de la nation, les boucs émissaires des fautes du gouvernement tombé et des désastres du pays; injuriés et calomniés de toute manière et de toute part; les Corses ont été signalés aux diatribes de ces chauvins dont la haine bavarde est en raison directe de leur ignorance, et aux colères de cette foule qui juge, condamne et surtout exécute, sans examiner et sans entendre.

Les Corses n'ont rien dit: ils se sont contentés d'agir.

Dans la détresse du pays, et surtout sous les murs de sa capitale assiégée, ils ont fait leur devoir, comme les autres; à certains égards, mieux que les autres.

C'est la seule vengeance que ces prétendus vindicatifs aient regardée et regardent comme digne d'eux.

Après avoir en deux occasions (1) pris la défensee de mes frères d'origine auprès de la presse de Paris et de l'Assemblée Nationale, j'ai à cœur aujourd'hui d'établir, à la face du pays, qu'en effet les Corses ont tiré des plus odieux outrages la noble et patriotique vengeance dont j'ai parlé.

La France s'en souviendra, pour que son impartialité maternelle se retrouve, à l'égard de tous ses enfants sans distinction, inaltérable et sereine en des jours meilleurs.

(1) Voir les deux lettres à la fin de cet opuscule.

I.

Si le courage et le patriotisme d'une population se mesurent au nombre des soldats qu'elle met sur pied dans une guerre nationale, et à celui des vaillants qui, dans la lutte, ont bien mérité de la patrie, la Corse peut, sous ce double rapport, soutenir la comparaison avec n'importe quelle partie de la France continentale.

En effet, au mois de septembre 1870 voici d'après l'*Opinion Nationale* et le *Journal Officiel* — *de la République*, bien entendu — le tableau des forces mises par notre île au service de la patrie commune :

Soldats et marins déjà sous les drapeaux	16.000
Mobiles	3.500
Volontaires	1.000
Total des militaires corses.	20.500

Or, le département de la Corse compte 259,000 habitants environ, d'après le recensement de 1866 : c'est donc à peu près LE DOUZIÈME de sa population qui se trouvait alors sous les drapeaux.

La France entière ayant, à cette époque, 38,000,000 d'habitants, si tous les départements avaient donné autant que cette Corse, si vilipendée à Paris et ailleurs, l'armée française eût dépassé le chiffre énorme de TROIS MILLIONS d'hommes.

C'eût été une colossale avalanche de guerriers, capable d'engloutir, rien que par sa masse, le torrent de l'invasion germanique.

Hélas ! il n'en a rien été pour le malheur et l'humiliation de la France !

L'enquête commencée sur les actes du gouvernement de la défense nationale établira de combien il s'en est fallu que ce chiffre formidable fût atteint, malgré les tours de force renouvelés de la Convention et de Pompée frappant du pied la terre.

II.

L'intrépidité et le dévouement des Corses ont-ils été en proportion de leur nombre ?

On en peut juger par les simples indications suivantes :

Dans les divers combats désastreux mais héroïques de la campagne du Rhin, les Corses n'ont pas failli à leur vieille réputation militaire : *Cyrniorum fortia bello pectora !* comme on les définissait au moyen-âge.

Quoique les détails nous manquent encore pour eux, de même que pour toute notre malheureuse armée, on peut toutefois signaler, à la bataille de Reischoffen, l'ardeur et la bravoure épique du colonel de zouaves Suzzoni, revenant à la charge pour entraîner ses bataillons déjà rompus ; et s'obstinant, malgré ses blessures, à ramener du regard, de la voix et de l'épée, la victoire transfuge sous son drapeau !

Nous ne pouvons, à notre grand regret, citer, parmi les tués, que les capitaines Scotto, Chiozzi, Mattei et le lieutenant Capriata ; mais les victimes peuvent se compter par le nombre des familles désolées, et dès le début de la guerre la Corse a été couverte de deuil.

Elle a compté aussi beaucoup de prisonniers en Allemagne, entre autres le général Abbatucci et le docteur Poggiale, membre de l'Académie de Médecine et pharmacien en chef des armées : hommes de cœur et d'intelligence, devenus, comme tant d'autres, captifs, après des preuves multipliées de vaillance et d'énergie. Ajoutons ce trait, qui a son importance : Sur une liste de *dix-huit* prisonniers corses en Allemagne, publiée par le *Gaulois, huit* sont amputés ou grièvement blessés.

A travers l'obscurité encore persistante, mais qui se dissipera bientôt, de l'histoire des armées de province, après le désastre de Sedan, il nous a été donné de découvrir la présence, à Remiremont et à Villersexel, d'un bataillon de mobiles de la Corse, qui ont fait des prodiges de valeur et se sont rués à l'arme blanche sur l'artillerie ennemie. Les journaux anglais, si partiaux pourtant, en ont seuls fait mention, et peu de personnes en France s'en sont doutées ; mais, en revanche, chacun a pu savoir que ces mêmes mobiles avaient été, à leur passage à Lyon, pour gagner le théâtre de la guerre, l'objet de démonstrations insultantes — qui, d'ailleurs, n'ont pas même ému leur dédain.

Sur la Loire, en octobre, au combat d'Orléans, lors de la résistance magnanime que 7,800 hommes de l'armée de La Motte-Rouge ont opposée, pendant huit heures, aux 38,000 Bavarois de Von der Tann, le commandant corse Antonini s'est distingué parmi les plus héroïques et n'a cédé qu'en tombant baigné dans son sang, au milieu de ses braves écrasés et vaincus.

III.

Arrivons au siége de Paris.

Lors de l'investissement, Paris renfermait une portion de la gendarmerie, des mobiles et des volontaires de la Corse, sans compter un grand nombre de marins originaires de l'ile ; la plupart, et surtout les derniers, aux avant-postes et dans les forts.

Coïncidence merveilleuse et providentielle ! C'est surtout dans cette grande ville, admirable et sublime, mais légère, persifleuse à plaisir, extrême et aveugle dans ses engouements et dans ses animosités, que les Corses ont été, depuis le 4 septembre, suspectés, méconnus, raillés, injuriés.

L'avénement de la République — de cette République dont les Corses peuvent invoquer plus d'un souvenir — cet avénement, dis-je, et le danger national n'avaient pas, ce semble, dilaté les âmes jusqu'à comprendre et à pratiquer, envers tous et malgré tout, la devise démocratique et chrétienne, inscrite et reléguée sur les murs :

Liberté, Egalité, Fraternité.

Eh ! bien, c'est précisément, dans ce même Paris et sous ce régime si hostile, que, pour défendre la capitale investie, devenue le palladium de la France, les Corses se sont montrés plus nombreux, plus ardents, plus français que jamais !

Ils avaient été au mépris, à l'injustice, à la haine.... Ils ont pris leur place à l'honneur, au dévouement ; — et, sans se soucier de la gratitude, ils ne demandent que la justice, en imposant désormais le respect et l'estime.

Depuis septembre 1870, le *Journal Officiel* est le témoin de ces braves. Nous n'avons guère qu'à choisir dans les mentions innombrables qui remplissent ses colonnes.

15 octobre 1870. — Dans la série des récompensés pour faits de guerre, nous ne signalerons que les blessés suivants qui ont obtenu la médaille :

Lalauri, canonnier du 2ᵉ artillerie ; Pellegri, sergent, Rossi, Olmo, soldats du 42ᵉ de ligne ; Arrighi, soldat du 42ᵉ, porté à l'ordre du jour pour être resté pendant sept heures en vedette sur un mur, exposé au feu de l'ennemi.

L'*Officiel* du 2 novembre insère un article très-élogieux à l'occasion des obsèques de M. Dominique Grégorj, attaché au ministère de l'intérieur, engagé volontaire au 35e de ligne ; mortellement blessé, en pleine poitrine, au combat de Chevilly (30 septembre), où le 35e de ligne fut si éprouvé. M. Charles Ferry, chef du Cabinet, a prononcé, sur ce mort sympathique un émouvant discours.

4 NOVEMBRE. — Promotions pour faits de guerre et services rendus pendant le siége :

Le chef d'escadron Colonna Ceccaldi est nommé lieutenant-colonel, sous-chef d'état-major de la garde nationale de la Seine ;

Le général Ferri-Pisani est nommé chef d'état-major général du 2e corps de l'armée de Paris ;

Le colonel d'état-major Ferri-Pisani est promu général de brigade.

MÊME DATE. — 3 officiers et 1 sous-officier corses, nommés chevalier de la Légion-d'Honneur.

La mise à l'ordre du jour, du 20 novembre, des défenseurs de Paris qui ont bien mérité de la patrie, depuis le commencement du siége, renferme les noms suivants :

35e de ligne. — Orecchioni Dominique, sergent. A conduit ses hommes au feu avec une rare vigueur. Blessé à Chevilly.

42e de ligne. — Leca Charles, lieutenant. Officier d'une rare bravoure. A franchi le premier une barricade au combat de Châtillon et entraîné ses hommes par son exemple.

3e Zouaves. — Colonna d'Istria, capitaine-adjudant major. A toujours été en tête de sa colonne à l'attaque de la Malmaison, et chargé d'une mission pour le général, il l'a remplie sous une vive fusillade.

Garde mobile de Seine-et-Marne. — Franceschetti, lieutenant-colonel. Par son attitude pleine d'énergie a su enlever et conduire résolûment à l'ennemi ses troupes qui voyaient le feu pour la 1re fois. A eu un cheval tué sous lui, au combat de la Malmaison, le 21 octobre.

Faits de guerre du 30 novembre au 2 décembre :

Promu lieutenant de vaisseau, l'enseigne Antoine d'Ornano ; décoré : le lieutenant Leca du 42e de ligne ; médaillés : Luccioni, maître de canonnage, belle conduite dans les combats : J. M. Maestracci, sergent d'armes, au 2ᵉ bataillon de marins, conduite courageuse à l'attaque de la Gare-aux-Bœufs qu'il a quittée le dernier : Piétrini, maître de manœuvre s'est distingué au passage de la Marne, lors de l'installation des ponts, le 30 novembre.

Officiel du 17 décembre.

Promu lieutenant-colonel : Conti Alfred, chef de bataillon au 123ᵉ de ligne ;

Franceschetti, lieutenant-colonel des mobiles de Seine-et-Marne, promu officier de la Légion-d'honneur ;

Et plusieurs médaillés.

Décorés pour faits de guerre :

Rocca, Dominique, capitaine au 35ᵉ de ligne ; Casanova, capitaine du 125ᵉ ; Peraldi, id. du 135ᵉ ; Odiardi, capitaine au 4ᵉ zouaves ;

Plus un grand nombre de soldats médaillés des 119ᵉ 121ᵉ 126ᵉ 110ᵉ de ligne et 2ᵉ du génie.

Officiel du 19 décembre :

Mise à l'ordre du jour de l'armée : Lieutenant-colonel Sanguinetti. A eu son cheval tué sous lui, en se portant à la tête du 2ᵉ et 3ᵉ bataillons à l'assaut de Villiers ; a été tué dans cette charge ; Piazzi, sergent d'armes. S'est montré très-énergique en entrant un des premiers à la Gare-aux-Bœufs, en avant de Choisy-le-Roi.

Tenaïsi, soldat de l'armée de Saint-Denis. Brillant soldat d'un très-grand courage. A abordé à la baïonnette la sentinelle d'un poste prussien, l'a tuée, et est entré dans le poste qui s'est rendu.

Officiel du 24 décembre :

Piazza et Passetti, nommés lieutenants-colonels de deux régiments de la garde nationale composés chacun de 4 bataillons ;

Décoré, Pettinelli, sergent-major au 123ᵉ de ligne.

A la fin de décembre, au terrible bombardement du plateau d'Avron, il faut signaler entre autres victimes le lieutenant Mattéi du 22ᵉ bataillon de chasseurs à pied, très-aimé de ses camarades ; coupé en deux par un obus.

Promotions du 5 janvier 1871 :

116ᵉ régiment. Odiardi, Eugène, nommé capitaine-adjudant-major ;

Divers médaillés parmi lesquels: Carréga, cannonier de 1re classe, s'est distingué au plateau d'Avron et au bombardement des forts ;

Antoine de Rocca, promu au grade de capitaine des éclaireurs parisiens, en remplacement du capitaine Dufours tué à l'ennemi.

Officiel du 18 janvier et promotion du 19 :

22e Bataillon d'infanterie. De Battisti nommé capitaine ;

Colombani, sous-intendant militaire, amputé, promu officier de la Légion-d'Honneur ;

Antonini, officier principal d'administration promu officier de l'ordre.

23 janvier, décorés pour faits de guerre :

J. E. Rocca, capitaine d'armes au fort de Montrouge, commandant une compagnie de fusiliers marins ;

Mori, capitaine de la garde mobile de la Seine ; Corteggiani, capitaine au 183e bataillon ; Sassetti, lieutenant-colonel au 48e régiment.

Du 31 janvier au 13 février 1871 :

Garde mobile de la Seine. Piétri, P. A. colonel, du 1er régiment de la Seine ; 37 de services, 27 campagnes, 5 blessures, promu au grade de commandeur.

C'est ce vieux et vaillant soldat qu'une certaine presse prétendait avoir été fusillé *par ses hommes, à cause de son nom !*

Décorés : les capitaines : Porri, Pelizza, etc.

Ordre du jour de la garde nationale :

Robaglia, capitaine, et Versini, lieutenant.

Médaillés : 134e Berevaggi, soldat, amputé ; 4e zouaves, Guasco, 5 blessures.

Décorés : Lieutenant-colonel, Colonna-Ceccaldi, promu officier de l'Ordre ;

Chevaliers : Santelli, lieutenant de vaisseau, au fort de Montrouge, blessé ; l'abbé Visidari, aumônier militaire, Porta, capitaine commandant le fort de Montrouge, promu chef de bataillon.

Enfin, l'*Officiel* du 14 juin dernier, dans la liste des officiers mariniers et marins récompensés par la médaille, mentionne 8 Corses parmi lesquels il faut surtout signaler Paul Reginensi et Pagano, matelots du fort de Montrouge et *aérostiers* pendant le siége.

Nous sommes persuadés que le corps médical aurait bien des noms corses à revendiquer pour le dévouement et les services gratuits aux ambulances.

Inscrivons en attendant sur cette liste encore à dresser, et aussi glorieuse que les autres, les noms des docteurs A. Mattéi, Ceccaldi et Pomonti.

En résumé, et pour conclure, durant cette longue et abominable guerre, et surtout pendant le siége de Paris, les Corses ont magnifiquement payé leur dette et fait leur devoir de citoyens français.

C'est leur habitude d'ailleurs ; et ce n'est point pour eux que j'ai voulu en établir quelques preuves.

Je l'ai fait pour rendre hommage à la vérité, pour satisfaire à la justice ; pour faire rentrer dans le néant des inimitiés venimeuses et obscures que la Corse ne méprise même pas, mais qui l'affligent, parce qu'en voulant la blesser, elles atteignent la France.

APPENDICE.

—

LES CORSES.

—

I.

Lettre à M. le Rédacteur en chef du Rappel

Monsieur,

Je ne partage pas tout-à-fait les idées religieuses et politiques de votre journal ; mais je crois à sa conviction et à sa bonne foi. C'est donc avec confiance que je vous adesse cette lette, destinée à dissiper bien des préventions.

Dans la grave situation du pays, l'union est le premier des besoins ; la concorde le plus impérieux des devoirs. Il faut donc repousser comme une chose affreuse et impie tout malentendu possible entre des Français, quels qu'ils soient, dévoués au salut de la patrie en danger et brûlant de le réaliser à tout prix.

Or, depuis la chute de l'Empire, plus d'un grand journal parisien manque, comme à plaisir, à ce devoir d'équité, de convenance, de nécessité patriotique.

Un département bonnête, pauvre et vaillant, se trouve en ce moment, sans motif sérieux, l'objet de railleries malséantes, quand ce n'est pas de calomnies odieuses.

On crie sus aux Corses. On les rend les boucs émissaires des désastres actuels de la France, sous le prétexte que l'Empereur déchu, corse
d'origine, en est surtout responsable.

En mon nom personnel, comme en celui de tous mes compatriotes,
je viens protester hautement contre un pareil parti pris, contre une
aussi flagrante injustice.

Je viens rétablir les faits et proclamer ici que la Corse n'a jamais dé-
mérité de la France, qu'elle est toujours et restera, quoi qu'il advienne,
sa libre et digne fille, reconnaissante et dévouée jusqu'au plus généreux
enthousiasme.

La Corse, Monsieur, n'est, pas plus que les quatre-vingt-huit autres
départements, solidaire des fautes du régime aboli. Elle l'a moins servi,
elle en a moins profité à coup sûr que n'importe quelle autre partie du
territoire national.

Elle saigne douloureusement aujourd'hui de toutes les blessures de
la patrie, puisqu'elle compte près de 35,000 (1) de ses enfants, soldats,
volontaires, mobiles ou gardes nationaux, dans les rangs des défenseurs et des martyrs désignés de notre honneur et de notre indépen-
dance à la face du monde.

De ces 35,000 Corses, Monsieur, parmi lesquels se trouve plus d'un
membre de ma famille, laissez-moi vous dire qu'il y en a bien peu qui
soient, sains et saufs, aux mains des Prussiens, par le fait de la honte de
Sedan, ou de tout autre désastre. Car depuis les Romains, qui n'ont
jamais pu faire de nous des esclaves, nous réalisons la forte expression
de Dante, en refusant la vie, pour garder tout au moins la liberté dans
la mort !

Depuis cent deux ans que nous faisons partie intégrante de la France,
nous la servons avec tout l'élan, toute la loyauté, toute la passion ma-
gnifique que la France peut attendre de ses meilleurs enfants d'adop-
tion ; et nous nous glorifions de ce titre qui nous met à côté de l'Alsace
héroïque, dont nous serions, au besoin, les émules.

De principes, de cœur, de mœurs, nous sommes républicains depuis
le moyen-âge. Quand, par deux fois, le peuple français a fondé l'Empire, nous l'avons salué à notre tour, et plus haut que les autres, par
la simple raison que les Bonaparte sont Corses, et que, nous surtout,

(1) En ajoutant environ 15,000 gardes nationaux au 20,500 militaires dont
il est parlé à la page 4.

nous devions avoir foi dans le choix de la France en leur faveur. Aussi, nous répudions et nous détestons, plus énergiquement que tous, ce que les deux Empires ont pu faire de mal ; et sans descendre à insulter l'infortune, nous en accusons les premiers ceux qui n'en sont les victimes qu'après avoir compromis l'existence même de la nation.

Sans remonter plus haut le cours de nos annales (1), nous avons eu, depuis 89, Paoli, notre Washington, acclamé par la Constituante comme le « héros et le martyr de la liberté ; » le général Abbatucci défendant Huningue en 1794, comme Uhrich défend aujourd'hui Strasbourg ; le capitaine Casabianca se faisant sauter avec son vaisseau l'*Orient*, à Aboukir, au milieu de la flotte triomphante de Nelson ; hier encore à Reischoffen, le colonel Suzzoni prenant son rang parmi les héros de cette lugubre et homérique journée.

Quant à la misérable calomnie qui prétendrait englober les Corses parmi les *hommes de police*, je me bornerai à répondre, avec M. Paschal Grousset, qui, certes, n'est pas notre ami, que cette tache au vieil honneur corse ne remonte aucunement au caractère des insulaires, mais à des circonstances spéciales tout à fait indépendantes ; j'ajouterai : et très-regrettables.

Il n'y a jamais eu parmi nous, Monsieur, ni traître, ni courtisan que nous n'ayons cloué au pilori de l'abomination publique. Nous sommes Français d'âme à ce point qu'après avoir, pendant des siècles, souffert et versé notre sang pour notre autonomie, nous avons accepté l'autorité de la France, comme la régénération et le salut, comme le seul avenir digne d'un petit peuple ayant une grande et sublime histoire.

C'est vous dire, Monsieur, que notre patriotisme, notre bravoure et notre honneur sont au-dessus des insinuations perfides ou des dénonciations iniques.

Nous n'avons rien à redouter de la République nouvelle, et nous

____

(1) Il est bon cependant de citer quelques-uns des Corses les plus remarquables depuis un siècle seulement :

Dans l'armée : les maréchaux d'Ornano et Sébastiani ; les généraux Gentili. Casabianca, Casalta, Cervoni, Arrighi de Padoue, Tiburce Sébastiani, Garbuccia, Ferri-Pisani ; les colonels Marengo, Montéra, Suzzoni ; dans la diplomatie : Saliceti, Sébastiani, Pozzo di Borgo, Drovetti ; dans la magistrature : Colonna d'Istria, Abbatucci ; dans la médecine : les docteurs Poggiale, Marchal de Calvi et Mattei ; dans le clergé : les cardinaux Fesch, Viale-Prela et Savelli ; dans les lettres : Gregorj, Arrighi, Ottavi ; dans les arts : Varese et Colonna.

.no lui demandons que l'égalité et la justice qu'elle nous doit comme
à tous les autres citoyens français.

NONCE ROCCA,

Électeur et garde national de Paris,

Membre de plusieurs sociétés savantes françaises et étrangères.

Paris, 22 septembre 1870.

II.

A monsieur le Président de l'Assemblée Nationale.

MONSIEUR LE PRÉSIDENT,

Je viens, en votre personne, adresser à l'Assemblée Nationale, dont
vous dirigez si dignement les débats, une protestation formelle à la
face du pays, au sujet de la pétition déposée le 4 mars par le citoyen
Clémenceau.

Cette pétition ose demander à l'Assemblée, au nom d'un club de
Paris, de séparer, par un vote, le département de la Corse de la
République française.

Je sais que l'Assemblée Nationale ne se dégradera jamais à ce point.
Mais c'est un fait déplorable, une atteinte réelle à la délicatesse et à
l'équité du peuple français qu'une telle demande ait pu parvenir jusqu'à
ses représentants et n'être pas repoussée par un unanime dédain.

Je n'entrerai pas en ce moment dans le fond du débat. J'en sai-
sirai bientôt l'opinion publique par un écrit que mes sentiments de
Français et de Corse m'inspirent également et m'imposent comme iné-
luctable devoir.

Toutefois, au nom de mes concitoyens corses et en mon nom personnel, je rappellerai ici hautement à l'Assemblée les magnifiques débats
où la Constituante de 1790 a confirmé, à l'honneur de la Corse, son
annexion à la France (1), et je l'adjurerai de s'en souvenir et de les
consacrer aujourd'hui.

Messieurs de l'Assemblée Nationale, il y a plus d'un siècle, la France

______

(1) On sait avec quelle énergie et quelle noblesse la grande voix de Mira-
beau s'est élevée en faveur de la Corse dans ces mémorables débats.

s'est emparée de la Corse; mais comme le disait hier un député de Lorraine pour son pays : « Entre vous et nous, le pacte a été scellé, « malgré la conquête, quand sur le drapeau de la France, nous ayons « lu ce mot : Fraternité ! » Et comme les Lorrains aussi, « nous avons « toujours accompli nos devoirs envers la France; nous n'y avons « manqué ni dans le passé, ni dans le présent ! »

J'ajouterai que depuis le xvie siècle tous les champs de bataille glorieux ou néfastes pour les armes françaises ont été couvertes du sang des Corses devenus soldats français, et, surtout, que dans cette dernière guerre inexpiable, aucun autre département n'a fourni autant que le nôtre des défenseurs et des martyrs au territoire et à l'honneur de la patrie commune.

Si maintenant, Messieurs, nous devons, par une prodigieuse iniquité, porter seul la peine de ce qu'ont fait de mal les deux Empires, eh ! bien, alors, tout au moins qu'avant de nous condamner, on nous cite, on nous entende à votre barre : notre justification sera décisive et notre acquittement s'imposera sans effort à toute conscience vraiment française.

D'ici là, nous nous élevons avec une dignité blessée contre les calomnies, les dénonciations et les menaces. Attestant tout un siècle de fidélité, de loyauté, de courage et de dévouement, nous maintenons devant l'Assemblée Nationale que la Corse a toujours bien mérité de la patrie; et nous défions nos ennemis de consommer en son nom et contre nous l'acte d'iniquité et d'ingratitude qu'ils réclament et qui attenterait seulement à la vieille gloire de la France et à la majesté de ses malheurs.

NONCE ROCCA.

Paris, 7 mars 1871.

Les vœux exprimés dans la lettre qui précède ont été entendus. L'Assemblée Nationale requise encore une fois, par voie de pétition, de séparer la Corse d'avec la France, a repoussé enfin pour jamais de pareilles demandes par la *question préalable;* ce qui implique comme on sait, outre le rejet des pétitions le blâme formel de leur objet.

La Corse méritait bien et méritera toujours la justice et l'hommage que lui a rendus le VOTE UNANIME des députés de la France dans la séance du 29 avril 1871, présidée par M. Grévy.

En voici le résumé :

« Une pétition demande la séparation de la Corse d'avec la France.

« La commission demande l'ordre du jour, Voix nombreuses : La question préalable.

« *M. Picard, ministre de l'intérieur :* C'est la seconde fois qu'une pétition pareille est soumise à la tribune.

« Je ne veux pas croire et je ne pense pas qu'elle soit dictée par des sentiments de malveillance ; mais il faut croire que de pareilles pétitions pourraient servir des manœuvres qui seraient susceptibles de créer au gouvernement et au pays des difficultés qui n'ont aucune raison d'être. Je demande donc qu'elle soit l'objet d'un rejet unanime par le vote de l'ordre du jour.

« *Voix nombreuses :* La question préalable.

M. Schœlcher : Nous demandons formellement la question préalable.

« *M. le ministre de l'intérieur :* Puisque l'Assemblée m'y convie, je demande la question préalable.

« *Un représentant de la Corse :* M. le président nous avons en Corse un proverbe qui dit : *Non si risponde ai pazzi !* On ne répond pas aux fous. (Très-bien ! très-bien !)

« M. Limperani, député de la Corse, rappelle que *c'est la Corse qui, dans la dernière guerre, bien qu'avec une population moindre, a eu le plus grand nombre de tués et de blessés.* L'orateur cite un ordre du jour affiché aujourd'hui même à la porte de l'Assemblée et qui constate que dans une des dernières affaires, un Corse, le capitaine Santolini, s'est particulièrement distingué.

« Voilà, dit M. Limperani en terminant, comment nous nous conduisons en Corse. Nous sommes français et nous voulons rester français. Je n'en dirai pas davantage. (Vifs applaudissements).

« *La question préalable mise aux voix sur la pétition est votée A L'UNANIMITÉ.* »

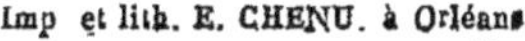

Imp et lith. E. CHENU. à Orléans.